死者を忘れない

Remember Fes

リメンバー・フェス

㈱サンレー代表取締役社長
佐久間庸和
Sakuma Tsunekazu

オリーブの木

まえがき

●お盆は古臭い？

日本人の先祖供養といえば、お盆やお彼岸が思い浮かびます。

なぜ先祖を供養するのかというと、もともと二つの相反する感情からはじまったと思われます。一つは死者の霊魂に対する畏怖の念であり、もう一つは死者に対する追慕の情。やがてこの二つの感情が一つにまとまっていきます。仏教伝来以降、神道では死者の霊魂は死後一定の期間を経過すると、この世におけるケガレが浄化され、「カミ」や「ホトケ」となって子孫を守ってくれる祖霊という存在になると考えられました。

やがて日本人の歴史の中で死者をまつる主体が、神道の「先祖祭り」は仏教の「お盆」へと継承されました。そこで、生きている自分たちを守ってくれる先祖を供養することは、感謝や報恩の表現と理解されてくるわけです。

わたしが経営するサンレーは冠婚葬祭互助会です。毎年、お盆の時期には盛大に「お盆フェア」などを開催して、故人を供養することの大切さを訴えています。しかしながら、小さなお葬式、家族葬、直送、0《ゼロ》葬といったように葬儀や供養に重きを置かず、ひたすら薄葬化の流れが加速している日本にあって、お盆という年中行事が今後もずっと続いていくかどうか、不安を感じることもあります。

特に、Z世代をはじめとした若い人たちは、お盆をどのように理解しているかもわかりません。お盆をはじめとした年中行事は日本人の「こころの備忘録」であり、そこにはきわめて大切な意味があります。

お盆が古臭い。形式的なもの。存在意義がわからない。お盆って夏休みじゃないの。お盆なんかなくなってもいいのでは——いろんな考えがあろうかと思います。でも、わたしは先祖を供養してきた日本人の心は失ってはいけないと考えています。お盆という形が、あるいは名前が現代社会になじまないなら、新しい箱（形）を作ればいいのでは。そんなふうに思い至りました。すなわち、「リメンバー・フェス」です。「リメンバー・フェス」は「お盆」のイメージをアップデートし、供養の世界を大きく変える可能性をもっています。

●映画「リメンバー・ミー」

「リメンバー・フェス」は、ディズニー&ピクサーの二〇一七年のアニメ映画「リメンバー・ミー」からインスパイアされたネーミングです。

「リメンバー・ミー」は第九〇回アカデミー賞において、「長編アニメーション賞」と「主題歌賞」の二冠に輝きました。

過去の出来事が原因で、家族ともども音楽を禁止されている少年ミゲルが主人公です。ある日、ミゲルは先祖が家族に会いにくるという「死者の日」に開催される音楽コンテストに出ることを決めます。伝説的ミュージシャンの霊廟に飾られたギターを手にして出場しますが、それを弾いた瞬間にミゲルは死者の国に迷い込んでしまいます。

カラフルな「死者の国」も魅力的でしたし、「死」や「死後」というテーマを極上のエンターテインメントに仕上げた大傑作です。

「リメンバー・ミー」を観れば、死者を忘れないということが大切であると痛感します。わたしたちは死者とともに生きているのであり、死者を忘れて生者の幸福など絶対にありえません。最も身近な死者とは、多くの人にとっては先祖でしょう。先祖をいつも意識して暮らすということが必要です。わたしたちは、先祖、そして子孫という連続性の中で生きている存在です。遠い過去の先祖、遠い未来の子孫、その大きな河の流れの「あいだ」に漂うもの、それが現在のわたしたちにほかなりません。

メキシコ　死者の日

映画「リメンバー・ミー」の舞台になった祭り、「死者の日」について説明します。

日時　11月1日と2日

場所　メキシコ全土

内容　「死者の日」は、亡くなった家族への愛と敬意を示すお祭り。国中の町や村で、パレードやパーティーが開かれる。映画でも紹介されていたように、人々は奇抜なメイクと衣装で歌い踊る。

供花　主にマリーゴールドが使われます。祭壇から墓までの道にマリーゴールドの花びらをまき、道に迷った魂を安住の場所へ導くとされています。木の樹脂で作られたお香コパルを焚き、その煙に賛美と祈りを乗せて、祭壇の周囲を清めたあと、墓へ花を手向けます。

特記事項　2008年にユネスコ無形文化遺産に指定されました。現在、メキシコでは宗教や民族的背景に関係なく人々が死者の日を祝っています。

●死者を忘れてはいけない

アフリカのある部族では、死者を二通りに分ける風習があるそうです。

人が死んでも、生前について知る人が生きているうちは、死んだことにはなりません。生き残った者が心の中に呼び起こすことができるからです。しかし、記憶する人が死に絶えてしまったとき、死者は本当の死者になってしまうというのです。誰からも忘れ去られたとき、死者はもう一度死ぬのです。

映画「リメンバー・ミー」の中でも、同じメッセージを訴えていました。死者の国では死んでもその人のことを忘れない限り、その人は死者の国で生き続けられますが、誰からも忘れられてしまって繋がりを失ってしまうと、その人は本当の意味で存在することができなくなってしまうというのです。

わたしたちは、死者を忘れてはいけません。それは死者へのコンパッション（思いやり）のためだけではなく、わたしたち生者のウェルビーイング（幸せ）のためでもあります。

お盆とは、都会に住んでいる人が故郷に帰省して亡き祖父母や両親と会い、久しぶりに実家の家族と語り合うイベントでもあります。そう、それは、あの世とこの世の誰もが参加できる祭りなのです。

日本には「お盆」、海外には「死者の日」など先祖や亡き人を想い、供養する習慣がありますが、国や人種や宗教や老若男女といった何にもとらわれない共通の言葉として、わたしは「リメンバー・フェス」という言葉を提案します。将来、ニュースなどで「今日は世界共通のリメンバー・フェスの日です」などと報道される日を夢見ています。

リメンバー・フェス
もくじ

第2章 なぜ先祖供養をするのか

第3章

死なないための方法

第1章

リメンバー・フェスは古くて新しい

お盆は「供養」の最大の行事

日本における死者、すなわち祖霊との交流を考えた時、やはりその最たる例は盆や彼岸の行事といえます。リメンバー・フェスとして、まず大切なのが、「お盆」です。お盆はご先祖さまを迎える大切な行事であり、供養という死者を想う大切な行事でもあります。

「供養」とは、死者と生者とのコミュニケーションの問題です。

多くの人にとって、死者の具体的なイメージとは「先祖」ではないでしょうか。

その先祖を供養する最大の行事がお盆です。「盆と正月」という言葉が今でも残っているくらい、お盆は過去の日本人にとっての楽しい季節の一つでした。年に一度だけ、亡くなった先祖たちの霊が子孫の家に戻ってくると考えたからです。

古来、日本人は先祖の霊によって守られて初めて幸福な生活を送ることができると考えていました。先祖に対する感謝の気持ちが供養という形で表されたものこそお盆です。

先祖を迎えるために迎え火を焚き、各家庭にある仏壇でおもてなしをしてから、再び送り火によってあの世に帰っていただこうという風習は、現在でも盛んです。

どんな人間にも必ず先祖はいます。しかも、その数は無数といってもよいでしょう。

その無数の先祖たちの血が、たとえそれがどんなに薄くなっていようとも、必ず子孫の一人である自分の血液の中に流れているのです。

「おかげさま」という言葉で示される日本人の感謝の感情の中には、自分という人間を自分であらしめてくれた直接的かつ間接的な原因のすべてが含まれています。

そして、その中でも特に強く意識しているのが、自分という人間がこの世に生まれる原因となった「ご先祖さま」なのです。

リメンバー・フェスとして、お盆に若い世代が関心が抱ける催しを企画するつもりです。

夏祭りもその一つですし、家族で楽しめる花火大会も大きな要素と考えています。

盆踊りの意味

お盆といえば、「盆踊り」の存在を忘れることはできません。日本の夏の風物詩ですが、もともとはお盆の行事の一つとして、ご先祖さまをお迎えするためにはじまったものです。昔は、旧暦の七月一五日に初盆の供養を目的に、地域によっては催されていました。盆踊りというものは、生者が踊っている中で、目には見えないけれども死者も一緒に踊っているという考え方もあるようです。

照明のない昔は、盆踊りはいつも満月の夜に行なわれたといいます。太鼓と「口説き」と呼ばれる唄に合わせて踊るもので、やぐらを中央に据えて、その周りをみんなが踊ります。地域によっては、初盆の家を回って踊るところもありました。太鼓とは死者を楽しませるものでした。わたしの出身地である北九州市小倉では祇園太鼓が夏祭りとして有名ですが、これももともとは先祖の霊をもてなすためのものでした。

花火のいわれ

夏の風物詩といえば、現在でも大人気なのが花火大会です。

そのいわれをご存知でしょうか？　たとえば隅田川の花火大会。じつは死者の慰霊と悪霊退散を祈ったものといわれていました。

一説によれば、時の将軍吉宗が、一七三三（享保一八）年、隅田川の水神祭りを催し、当時江戸で流行したコレラや全国的な飢饉による死者の霊を慰めるため、大花火を披露したことが発端だとか。

ゆえに、花火大会は、先祖の供養という意味ももち、お盆の時期に行なわれるわけです。大輪の花火を見ながら、先祖を懐かしみ、あの世での幸せを祈る。日本人の先祖を愛しむ心は、こんなところにも表れています。つまり、太鼓も花火も死者のためのエンターテインメントだったわけです。

お盆がすたれた理由

現在、お盆は夏季休暇の一つになってしまっているのではないでしょうか。

たしかに「お盆休み」という言い方で、日本人は夏休みを取る習慣があります。「休み」というと、西洋的な考え方ではバカンスというか、リフレッシュするという意味合いが強いわけですが、日本においては「帰省」という言葉に代表されるように、故郷に帰る意味が込められていました。お盆休みとは、まさに、子孫である孫たちを連れて、先祖（祖父母を含む）に会いに夫の故郷へ帰るというものだったのです。

ところが、こうした風習も今、不合理ということで変化してきました。

同じ時期にみんなで休めば、電車や飛行機といった交通機関は混む上に高額、ということで分散するようになり、家族旅行は夫の故郷への帰省ではなく、国内や海外への旅行の一つになっています。

「家」の意識などというと、悪いイメージを抱く方もいるでしょう。そうした背景もあってか、戦後の日本人は、「家」から「個人」への道程をひたすら歩んできました。

冠婚葬祭を業としているわたしたちから見ると、その変化がよくわかります。

たとえば結婚式。かつては「○○家・△△家結婚披露宴」として家同士の縁組みが謳われていたものが、今ではすっかり個人同士の結びつきになっています。

葬儀も同様です。次第に家が出す葬儀から個人葬の色合いが強まり、中には誰も参列者がいない孤独葬という気の毒なケースも増えてきているのが現実です。

たしかに戦前の家父長制に代表される「家」のシステムは、日本人の自由を著しく拘束してきたと思います。なにしろ「家」の意向に反すれば、好きな職業を選べず、好きな相手と結婚できないという非人間的な側面もあったわけですから。その意味で、戦後の日本人が「自由」化、「個人」化してきたこと自体は悪いことではないと思います。

でも、「個人」化が行き過ぎたあまり、日本人は大事なものを失ってしまったのではないでしょうか。それは、先祖や子孫への「まなざし」です。

正月は先祖供養の年中行事

みなさんは、正月を祝われていますか？

正月も、じつは先祖に想いを馳せる貴重な期間です。

わが家では、毎年、正月飾りをします。家の前に門松を立て、床の間には鏡餅を供えます。正月を迎えると、しみじみと「ああ、自分は日本人だ」と実感します。

わたしたち日本人にとって、正月に初日の出を拝みに行ったり、寺社へ初詣に出かけるのは、当たり前の光景です。これらの行事は日本の古くからの伝統だと思われがちですが、実のところ、いずれも明治以降に形成された、新しい国民行事でした。わたしはリメンバー・フェスとして、正月が先祖に想いを馳せる、死者を供養する、そんな機会になればいいと思っています。

それ以前の正月元日は、家族とともに、「年神」（歳徳神《さいとくしん》）を迎えるため、家の中に慎み籠《こも》って、これを静かに待つ日でした。年神は一年を守る神であると同時に祖霊でもあります。つまり、正月に年神をまつることは祖先をまつることでもあったのです。本来、正月は盆と同様に祖霊祭祀の機会であったことは、隣国である中国や韓国の正月行事を見ても容易に理解できます。

つまり、正月とは死者のための祭りなのです。

この精神をリメンバー・フェスとしてよみがえらせたいと思います。日本の場合、仏教の深い関与で、盆が死者を祀る日として凶礼化する一方、それとの対照で、正月が極端に「めでたさ」の追求される吉礼に変化したというのは、日本民俗学の父である柳田國男の説です。しかし祖霊を祀るという意味が忘れられると、年神は陰陽道の影響もあって、年の初めに一年の幸福をもたらす福神と見なされてきました。その意識が今日まで続いていると思います。

もうおわかりと思いますが、盆と同様に正月もまた先祖供養の年中行事だったのです。

それゆえリメンバー・フェスの一つになる行事なのです。

成人式はリメンバー・フェス

一月には成人式が日本各地で開催されています。しかし、荒れる成人式などと言われるように、その必要性さえ疑問視されています。わたしはリメンバー・フェスとして、成人式も再生させればと思います。

本来、成人式とは「人生最後のバカをやる日」ではなく、「ここまで育ててくれた親や先祖に感謝する儀式です。親や祖父母を成人式会場に招待して、育ててくれたことへの感謝を伝える式にしてみてはいかがでしょうか。親をはじめとした、親戚や恩師、周囲の人たちの力で成人になれたことを自覚する機会です。そして先祖から続く、自分のDNAを感じる、そんなハートフルな機会になるはずです。そのためには成人式を行政主催の式典やその後の同窓パーティーだけでなく、神社での儀式に参加してみてはどうでしょうか。神前で成人式を行なえば、新成人となる自覚と先祖への感謝の念も強まるはずです。

節分も変えられる

節分も、リメンバー・フェスとして変えられます。親だけではなく、祖父母を呼んで、家内安全を願い、鬼を退治する。思い出に残る素晴らしい行事になるはずです。

近代に至って、旧暦（太陰太陽暦）から新暦（太陽暦）に改暦されると、同じ年の改まる機会であった立春、つまり節分の重要性が低下する一方、元日がその重みを増して、年の初めとしての「めでたさ」がより強調され、初詣の習慣が成立していきました。しかし、だからといってわたしたちが節分を軽んじる理由にはなりません。

年男・年女が豆まきをする光景が、季節の風物詩として取り上げられますが、おめでたくニュース映像を見ているだけで幸せな気分になります。

「福は内、鬼は外」

こんな素晴らしい年中行事を廃れさせてはいけません。

「お墓参り」こそリメンバー・フェス

お彼岸《ひがん》といえば、多くの人は「お墓参り」を思い浮かべるでしょう。

お墓参りは、先祖を偲び供養するために、お彼岸には欠かせない行事でした。

お彼岸は春分、秋分という国民の休日になっているにもかかわらず、まったく別の目的で使われています。ほかの休日がはっきりした目的が表われているネーミングなのに比べ、たしかに春分、秋分は昼と夜の長さが同じというだけです。

「それがどうした?」と言われてしまいそうですが、「お墓参りの日」や「お彼岸の日」と改めてみてはどうでしょうか? リメンバー・フェスとして、ぜひ再生させたい日です。

では、彼岸とは本来、どういう意味があったのでしょうか。

彼岸ということばは浄土思想に由来します。阿弥陀如来が治める極楽浄土(西方浄土ともいう)は、西方の遥か彼方にあると考えられていました。そのため、真西に太陽が沈む春分・秋分の日は夕日が極楽浄土への「道しるべ」となると考えられていたのです。

極楽浄土への道を「白道」といい、信じて進めば、必ず極楽浄土に至るという信仰が生まれ、現在に至っています。

お彼岸は春分、秋分の日に当たり、昼夜の長さが等しくなることから釈迦の教えである偏りのない考え方「中道」を表すとも言われています。本来の意味は、煩悩を脱した悟りの境地のことを言います。三途の川をはさんで、こちら側（人間）の世界を「此岸《しがん》」と呼び、向こう側（仏様）の世界を「彼岸」と呼ぶのです。

彼岸は三月の「春分の日」と、九月の「秋分の日」の前後三日間の計七日間、もしくはこの期間に行なわれます。この七日間にも理由があります。すなわち、最初の三日は父方の供養、後の三日間は母方の供養、中の一日は水子、子どもの供養をする日なのです。

お彼岸の間、仏壇を美しく整え、花、供物を供え、線香、灯明をあげ、お参りします。

お墓参りはお盆、春秋のお彼岸、故人の命日、正月などに行なうのが一般的ですが、それ以外の日にもできるだけお参りするのが望ましいとされます。

Column

各地に残る彼岸の行事

秋田県鹿角市の宮野平で行なわれている「オジナオバナ」では、彼岸の入り（初日）・中日・シメ（最終日）に、それぞれ子どもたちが作った藁小屋に火をかけ「オジナ」と「オバナ」に向けて、「明かりの宵に、ダンゴ背負って、来とらえー来とらえー」、「明かりの宵に、ダンゴ背負って、見とらえー見とらえー」、「明かりの宵に、ダンゴ背負って、行なっとらえー行なっとらえー」と大声で唱えました。オジナとオバナという先祖を迎え、歓待し、送り出すための行事であり、死者と生者が交歓するものとなっています。現在は中日のみ行なわれている行事です。

同じく秋田県北部を中心に見られる万灯火（マトビ）あるいは野火と呼ばれる春彼岸の行事も祖霊を導くために火を焚き、供養して送り出すものです。日程は地域差があるものの、祖霊を迎えて歓待して送り出すという内容はほぼ共通しています。

墓参りは必要!

現代社会において世代間の文化はうまく伝承されているとは言えません。また、「血縁」というものの重要性もどんどん忘れられてきているように思います。

わたしは、ここ最近の日本人の生活において何か変化はないかと考えました。

IT社会の進行による、日本人の生活にさまざまな大きな変化があるように思います。

その一つに墓を加えてもいいと思います。墓参りです。

かつて葬式不要論のベストセラーを書いた宗教学者が「生きている人が死んでいる人に縛られるのっておかしいと思いませんか?」と述べました。わたしは、彼の発言のほうがおかしいと思いました。なぜなら、生きている人間は死者から縛られるのではなく、逆に死者から支えられているからです。今の世の中、生きている人は亡くなった人のことを忘れすぎています。だから、社会がおかしくなってしまったのではないかとさえ思います。

いま、葬式不要論に続いて墓不要論がさかんに語られます。墓不足や経済的な理由にはじまり、墓守を子孫にさせることが負担だというのです。

でも、わたしは、あえて「子孫に負担をかけてもいい」と言いたいと思います。

民俗学者の新谷尚紀氏が著書『先祖供養のしきたり』（ベスト新書）で、墓参りについて、「子どもたちや孫たちに、自分がどこからこの世にきたのか、そして一人だけでこの世にいるのではない、先祖があってこそなのだ、また自分もやがてはあの世に行って、そんな先祖の一人になるかもしれない、ということを学ぶよい機会となり、貴重な体験ともなるに違いない」と述べています。

わたしもそう思います。子孫には大いに負担をかけていいのです。それが引き継がれていくことで、わたしたちは支えられてくるのです。けっして縛られているわけではありません。自分がおかしなことをすれば先祖や親族に迷惑がかかる。また自分が成功すればそれを一緒に喜んでくれる人たちがいる――こんなに心強いことはありません。

それを知るためにも、墓参りという文化は必要だと思います。

Column

子孫をもたない霊のリメンバー・フェス

日本の伝統的な霊魂観において、祖霊にはあらゆる死者の霊魂が含まれるわけではありません。何らかの理由によってまつるべき子孫を持たない精霊は無縁仏と呼ばれ、子孫から手厚くまつられることで祖霊となっていく霊魂である本仏とは明確に区別されました。

無縁仏は、横死者（行き倒れなど）といった帰るべき家のない遊魂と、まつるべき子孫がいない霊といった異なる性質を有する霊魂から発生します。後者には夭折した者や独身者・未婚者なども含まれました。これらは祭祀の担い手を欠いているために常に飢えており、人間に害をなす餓鬼仏とも同一視されました。つまり、怨霊や祟り神として認識されたのです。このため、これらの無縁仏を鎮魂・慰撫するための行事が誕生するに至りました。

各地で行なわれる次の行事はこの典型といえるものです。

●**地蔵盆**

宵縁日（旧暦七月二三日）を中心とした三日間を指します。祭りはその期間内の特定の日を選んで行なわれ、盂蘭盆会に近いことから地蔵「盆」と呼ばれます。西日本を中心に行なわれる行事で、地蔵のある町内の人々がこの日にかけて地蔵の像を洗い清め、前掛けを新調したり化粧を施したりと装飾を施し、地蔵の前に集まって灯籠を立てる、供え物をするなどしてまつるもの。地蔵が子どもを守る存在ということから近年では子どものための祭とも言え、参詣した子どもたちに菓子や手料理などを振る舞われる場合が多くなっています。賽の河原の伝承に見られるように地蔵が早逝した子どもを守護する存在と捉えられていることから、そうした子どもの霊魂への供養といった死者供養の側面も強く、その意味で地蔵を介した死者と生者の交流といえるでしょう。

●施餓鬼

盆に訪れる無縁仏や供養されない精霊を戸外に精霊棚（施餓鬼棚）を設けてそれらに施す習俗があります。元々は餓鬼道に墜ちた死者に食物を施そうとするものでしたが、やがてまつり手のない無縁の精霊たちに施しをするものに変化しました。祖霊とは異なるかたちでの死者と生者の交流です。

●虫送り・疫神送り

無縁仏となった霊魂が誰からの祭祀も受けないまま放置されると、地域に悪影響を及ぼすと考えられました。そのため、地方によっては村境や山陰まで戦死者・横死者などを虫送りや疫神送りと称して、盆踊りと同じく踊りながら、あるいは人形に宿らせるなどして送り出す習俗がありました。

これらの祭事は祖霊に対するものと決して同一ではありませんが、死者と生者が交流する場であったことは確かであり、日本人の霊魂観を反映したリメンバー・フェスであったといえるでしょう。

リメンバー・フェスは月のお祭り

みなさんは、中秋の名月を楽しまれていますか？

秋は月見の季節。多くの日本人が秋の夜空に浮かんだ月を眺めることでしょう。

中秋の名月の頃、わが社は、北九州市八幡西区にあるサンレーグランドホールで、「隣人祭り　秋の観月会」というイベントを開催しています。そこで満月に向かってレーザー（霊座）光線が放たれるという儀式のデモンストレーションが実施されます。「月への送魂」という儀式で、わたしが長年にわたって提唱している新時代の葬送儀礼です。

多くの民族の神話と儀礼において、月は死、もしくは魂の再生と関わっています。いつも形が変わらない太陽と違って、規則的に満ち欠けを繰り返す月が、死と再生のシンボルとされたことはとても自然なことです。

ブッダは満月の夜に生まれ、満月の夜に悟りを開き、満月の夜に亡くなったとされてい

隣人祭り　秋の観月会（サンレーグランドホール）

ます。ミャンマー、タイ、スリランカといった東南アジアを中心にした上座部仏教の国々では今でも満月の日に祭りや反省の儀式を行ないます。

仏教とは、月の力を利用して意識をコントロールする「月の宗教」だと言えるかもしれません。

仏教のみならず、神道にしろ、キリスト教にしろ、イスラム教にしろ、あらゆる宗教の発生は月と深く関わっています。月は「万教同根」のシンボルなのです。その意味で、リメンバー・フェスは月の儀式、月のお祭りでもあるのです。

七五三もリメンバー・フェス

七五三について考えてみましょう。七五三は、一般に三歳の男女と五歳の男児、七歳の女児を対象に、これまでの無事の感謝と更なる成長を祈願して、一一月一五日に氏神に参詣する儀礼ですが、その時代や地方によって年齢と性別の組み合わせはさまざまであり、二歳や九歳で同様の儀礼を行なうところもあります。

一一月一五日という日付も、徳川幕府の五代将軍綱吉の子である徳松がその日に髪置きの儀礼を行なったことに端を発するとする説や、霜月の祭りに合わせたとする説、陰陽道によるものとする説などがあり、地方によっては必ずしもこの日に行なわれるわけではありませんでした。現在のような華美な七五三の風景は明治以降のものです。

子どもというものはまだ霊魂が安定せず、「この世」と「あの世」の狭間にたゆたうような存在であると考えられていました。七五三はそうした不安定な存在の子どもが次第に社会の一員として受け入れられていくための大切な通過儀礼です。そして、親がわが子に「あなたが生まれたことは正しい」「あなたの成長を世界が祝福している」というメッセージを伝える場にほかなりません。ならば、親がいない子の場合は、周囲の大人がそれを行なうべきでしょう。子どもが自分の命を肯定し、その連環を確認する、これができれば七五三もリメンバー・フェスとなります。

「人間尊重」のミッションを掲げているわが社では、児童養護施設のお子さんたちに七五三祝いを贈る活動を行っています。具体的には晴れ着を無料レンタルし、プロのカメラマンが写真を撮影してプレゼントしています。

施設で成人となる方には、成人式の晴れ着を無料レンタルし、写真をプレゼントします。「サンレー」という社名には太陽光（ＳＵＮＲＡＹ）という意味がありますが、万物に平等に光を降り注いで生命エネルギーを与える太陽のように、わが社はすべての方々に等しく儀式を提供したいという志を抱いているのです。

Column

発掘！　全国のリメンバー・フェス

能登で行なわれる新嘗の儀礼である「アエノコト」をはじめ、リメンバー・フェスと呼べるお祭りが日本中で受け継がれています。

●事八日

八日節供や八日待などさまざまな呼称がある行事で、行事の内容に極めて地域差が大きいです。二月八日と一二月八日の年二回またはいずれかに行なわれます。

この日は妖怪や悪神が家を訪れて害をなすということから、これらを防ぐと言われた目籠を高く掲げたり外出を慎んだりと物忌みを行ないました。

地域によって訪れるのは悪神ではなく田の神・山の神であるといい、赤飯・餅・団子などを家に供えて歓迎しました。これら田の神・山の神を祖霊ととらえれば、この行事はリメンバー・フェスにほかなりません。戦後は残念ながら一部の地域を除いて行なわれなくなりつつあります。

●サナブリ

田植えの終わりに田の神を送る、田植え終いの稲作儀礼。地域によってサノボリ、シロミテなどの別称があります。稲作だけではなく畑作においても行なわれました。餅や団子・小豆飯を作って御神酒とともに苗を供えた神棚に献じます。

この饗応を受けた後に田の神はもとの場所へ戻ると考えられていて、事八日と同じく祖霊と人が交流する儀礼です。

●亥の子・十日夜

亥の子は主に西日本で、旧暦一〇月の初亥の日に行なわれます。

十日夜は旧暦一〇月一〇日に主に東日本で見られる儀礼で、いずれも稲作終了後の神送りの日であったことがうかがえる行事となっています。

法要は故人を偲ぶ絶好の機会

年に一度、亡くなった日と同月の命日を「祥月命日《しょうつきめいにち》」といいます。とくに列席者を招いて追善供養するのを「年忌法要《ねんきほうよう》」、または「年回法要」といいます。

死亡翌年の祥月命日は「一周忌」と呼ばれ、四十九日の法要と同様に盛大に行なわれます。

年忌法要は一周忌の後、二年目の命日に行なう「三回忌」以後、七回忌（六年目）、十三回忌（一二年目）、十七回忌（一六年目）と、三と七の年度に行ないます。

一般的には十三回忌までとし、後は三十三回忌の法要を行ないます。三十三回忌が終わると故人は完全に成仏したと考えられ、最後の法要として「年忌明け」などと呼ばれます。

葬儀は急に行なわれることが多く、また悲しみのほうが大きいがゆえに、なかなか故人を偲ぶというわけにはいきませんが、法要は故人という先祖になった人を偲ぶ絶好な機会だと言えるでしょう。

長寿祝いは自らが「先祖」に近づくこと

長寿祝いというのは文字通り、長生きしたことを祝うものです。

一般には、高齢になればなるほど、たくさんの家族に囲まれることが多いです。孫はもちろん、ひ孫、玄孫もいるかもしれません。

日本は世界一の超高齢国とされています。その日本には、長寿祝いというものがあります。数え年で六一歳の「還暦」、七〇歳の「古稀」、七七歳の「喜寿」、八〇歳の「傘寿」、八八歳の「米寿」、九〇歳の「卒寿」、九九歳の「白寿」などですね。

中でも盛大にお祝いするのが還暦です。わたしたちになじみ深い紀年法に干支がありま す。干支は本来「十干」と「十二支」の組み合わせによって年齢を表すものですが、これが一周するのに要するのが、ちょうど六〇年になります。つまり数えで六一歳の時、生まれた年と同じ十干と十二支がめぐってくるということで「還暦」というのです。

還暦の祝いは、還暦を迎えた人が赤いちゃんちゃんこを着て、親戚や友人たちを集め会食などをします。

沖縄の人々は「生年祝い」としてさらに長寿を盛大に祝いますが、長寿祝いにしろ生年祝いにしろ、人が幸せに生きていく上でとても重要です。

神道は、「老い」というものを神に近づく状態としてとらえています。神への最短距離にいる人間のことを「翁」と呼び、七歳以下の子どもは「童」と呼び、神の子とされます。つまり、人生の両端にあたる高齢者と子どもが神に近く、それゆえに神に近づく「老い」は価値を持っているのです。だから、高齢者はいつでも尊敬される存在であると言えます。

長寿祝いというセレモニーは、高齢者が厳しい生物的競争を勝ち抜いてきた人生の勝利者であり、神に近い人間であるのだということを人々にくっきりとした形で見せてくれます。それは大いなる「老い」の祝宴なのです。

かつて、古代ギリシャの哲学者であるソクラテスは、「哲学とは、死の学びである」と言いましたが、わたしは「死の学び」である哲学の実践として二つの方法があると思います。一つは、他人の葬儀に参列することです。

もう一つは、自分の長寿祝いを行なうことです。神に近づくことは死に近づくことであり、長寿祝いを重ねていくことによって、人は死を想い、死ぬ覚悟を固めていくことができます。もちろん、それは自死とかいった問題とはまったく無縁で、あくまでもポジティブな「死」の覚悟です。

人は長寿祝いで自らの「老い」を祝われるとき、祝ってくれる人々への感謝の心とともに、いずれ一個の生物として自分は必ず死ぬという運命を受け入れる覚悟を持つことができます。また、翁となった自分は、死後に「先祖」となって愛する子孫たちを守っていくのだという覚悟を持つことができます。祝宴のなごやかな空気の中で、高齢者にそういった覚悟を自然に与える力が、長寿祝いにはあります。

そういった意味で、生年祝いとは生前葬でもあります。人間は必ず老い、必ず死にます。それは不幸なことではありません。わたしは、「老い」から「死」へ向かう人間を励ます生年祝いという心ゆたかな文化を、世界中に発信したいと思っています。

厄払いも先祖の力を借りて

厄年《やくどし》というものがあります。

一般的には災厄を招きやすい年齢ということで、注意が必要な年齢といわれています。

厄年の年齢（いずれも数え年）

	前厄	本厄	後厄
男性	60歳	61歳	62歳
	41歳	42歳	43歳
	24歳	25歳	26歳

	前厄	本厄	後厄
女性	60歳	61歳	62歳
	36歳	37歳	38歳
	32歳	33歳	34歳
	18歳	19歳	20歳

男女それぞれ厄年は表の通りで、厄年の前後の年齢を前厄、後厄といい、その合計三年間は厄払いをするのが一般的です。

厄除けの方法は、厄除けに霊験があるといわれる社寺で、祈祷を受けるというものです。厄除けのお札やお守りをもらうわけですが、最もわたしたちの平穏を願ってくれるご先祖さまに対しても守護をお願いするのもいいでしょう。

誕生日に感謝の気持が芽生える

先祖を一番、意識させてくれるものは、墓参りでもなければ、葬儀でもありません。

わたしは誕生日だと思っています。老若男女を問わず、誰にでも平等に毎年訪れるのが誕生日です。誕生日を祝うということは、前の七五三などの通過儀礼と同様に、その人の存在すべてを全面的に肯定することであり、先祖を意識する最高の機会だと思います。

わが社は、なによりも誕生日を大切にしています。社長であるわたしは、千名を超える社員全員に自らバースデーカードを書き、プレゼントと共に贈っています。また、毎日の各職場の朝礼において、誕生日を迎えた人にカードとプレゼントを渡し、職場の仲間全員で「おめでとうございます！」の声をかけて、拍手で祝っています。

社員のみなさんも、とても喜んでくれます。わたしは社員のみなさんに対して、一つのお願いをしました。それは、「誕生日には、ぜひ自分の親に感謝していただきたい」というものです。

ヒトの赤ちゃんというのは自然界で最も弱い存在です。馬の子は馬の子として、犬の子は犬の子として生まれてきますが、人間の子どもは人間として生まれてきません。自分では何もできない、きわめて無力な弱々しい生きものです。すべてを親がケアしてあげなければすぐに命を落としてしまいます。

実に二年間もの長期にわたって、常に細心の注意で世話をしてやらなければ、放置しておくと死んでしまうのがヒトの赤ちゃんです。こんなに生命力の弱い生き物は他に見当たりません。それを辛抱強く守り育ててくれた親、すなわち最も近い先祖に感謝をささげる機会――リメンバー・フェスにこれ以上ふさわしい日はないでしょう。

ハロウィンは死者の祭り

近年、ハロウィンが若者を中心に人気の高いイベントになっています。

じつは、リメンバー・フェスの発想の中には、ハロウィンがあります。

ハロウィンはもともとキリスト教における「万聖節」の前夜祭で、日本では「お盆」に近い年中行事です。仮装した子どもたちが「お菓子をくれなきゃ、いたずらするぞ！」と言いながら、近所の家を訪問します。かぼちゃをくりぬき、中にろうそくを灯した「ジャック・オウ・ランタン」が有名です。

最近では東京・渋谷のスクランブル交差点を仮装した若者たちが渡る姿が世界中で話題になっています。飲酒しながら騒ぎも起こす若者たちもいて社会問題化しています。リメンバー・フェスとして本来のイベントにしていきたいものです。

戦後、日本人は多くの新しい年中行事を作り、あるいは受け入れてきました。その代表的なものこそ、クリスマス、バレンタインデー、そしてハロウィンです。

クリスマスがごく普通に行なわれるようになったのは、昭和三〇年代以降といわれています。バレンタインはもう少し遅く、四〇年代の終わりくらいから。ハロウィンは、二〇年前は、今のような盛況ぶりは考えられませんでした。

最近では、イースター、聖パトリックデー、サンクスギビングデー、ボスの日、セクレタリーの日、あるいはサン・ジョルディの日など、本来、日本の年中行事にはなかった記念日や年中行事の露出が目立ってきました。

年中行事のカタカナ化は、外来の行事の輸入にとどまりません。

近年では「七夕」を「ラブ・スターズ・デー」や「サマー・バレンタイン」などと称して宣伝する店もあります。

クリスマスは死者をもてなす祭り

ハロウィンにとってカナカナ行事の先輩となるクリスマスにも触れておきましょう。

クリスマスこそ、リメンバー・フェスのモデルとなる年中行事です。

現在は前日のクリスマス・イヴに押されているとはいえ、イエス・キリストの誕生日として年間最大のイベントとされており、世界中の家族や仲間や恋人同士がこの日をいろいろなかたちで祝います。

しかし、この日はイエスの本当の誕生日ではありません。三世紀までのキリスト教徒は、一二月二五日をクリスマスとして祝ってはいませんでした。彼らは、後にキリスト教会の重要な祝日となるこの日に、集まって礼拝することもなく、キリストの誕生を話題にすることもなく、ほかの日と何の変わりもなく静かに過ごしていました。キリスト教にとってこの日が特別な意味を持つようになるのは、四世紀初頭以降のことです。

これに対して、同じ頃、まだキリスト教を受け入れていなかったローマ帝国では、一二月二五日は太陽崇拝の特別な祝日とされていました。当時、太陽を崇拝するミトラス教が普及しており、その主祭日が「冬至」に当たる一二月二五日に祝われていたのです。

また、真冬のクリスマスとは死者の祭でした。冬至の時期、太陽はもっとも力を弱め、人の世界から遠くに去ります。そのとき、生者と死者の力関係のバランスの崩壊を利用して、生者の世界には、おびただしい死者の霊が出現します。

生者はそこで、訪れた死者の霊を、心を込めてもてなし、贈り物を与えて、彼らが喜んで立ち去るようにしてあげます。その死者の霊の代理を生者の世界でつとめたのが子どもでした。子どもとは霊界に近い存在だったからです。大人たちは、子どもたちを通じて死者への贈り物をしなければならなかったのです。

クリスマスは、日本のお盆と同じく、死者をもてなす祭りです。クリスマス・イヴの晩餐とは、もともと死者に捧げられた食事であり、この食卓では招待客が死者で、子どもたちは天使の役目を果たしています。

天使たち自身も、じつは死者なのです。昔のヨーロッパのクリスマスでは、子どもたちが死者の代理人として大人の家庭を訪ね歩く習慣がありました。この習慣が、アメリカのハロウィンに受け継がれたわけです。

昔のクリスマスでは、大人は子どもにお供物やお菓子を贈り、そのお返しに、子どもは大人たちの社会に対して来年の豊穣を約束しました。

現在、大人はサンタクロースというファンタジーを通して、子どもにオモチャやお菓子のプレゼントをする。そしてそのお返しに、子どもは大人に幸福な感情を贈ります。クリスマスにおいて、生者と死者の霊の間には、贈り物を通して霊的なコミュニケーションが発生しているのです。このように日本のお盆にも似て、クリスマスとは死者をもてなす祭りだったのです。

リメンバー・フェス　カレンダー

1月

正月、成人式

2月

節分　※バレンタインデー

3月

お彼岸　※イースター

7月

お盆※8月の場合も

9月

お彼岸

10月

ハロウィン

11月

七五三

12月

クリスマス

通年行事

長寿祝い

還暦、古希、喜寿、傘寿、米寿、卒寿、白寿

誕生日

第2章

なぜ先祖供養をするのか

ご先祖さまを大切にすると幸せになる

わたしが本書でお伝えしたいのは、供養の精神の重要性です。

リメンバー・フェスはそのための新しい儀式だと言えます。

みなさんは、ご先祖さまを大切にしていますか。わたしたちは、先祖、そして子孫という連続性の中で生きている存在です。遠い過去の先祖、遠い未来の子孫、その大きな河の流れの「あいだ」に漂うもの、それが現在のわたしたちにほかなりません。

その流れを意識したとき、何かの行動に取りかかる際、またその行動によって自分の良心がとがめるような場合、わたしたちは、「こんなことをすれば、ご先祖さまに対して恥ずかしい」とか、「これをやってしまったら、子孫が困るかもしれない」などと考えます。

こういった先祖や子孫に対する「恥」や「責任」の意識が日本人の心の中にずっと生き続けてきました。わたしたちという存在は先祖とつながっているのです。

「おかげさま」に込めた意味

「おかげさま」という言葉があります。

この「おかげさま」の考え方こそが「先祖を想う」ことにつながると、わたしは考えています。ここに、すべての物事が好転する秘密があるようにさえ思います。

「おかげさま」の語源・由来は、他人から受ける利益や恩恵を意味する「おかげ」に「様《さま》」をつけて、丁寧にしたものです。古くから「陰《かげ》」とは、神仏などの偉大なものの陰で、その庇護を受ける意味として使われています。これは、「御影《みかげ》」が「神霊」や「みたま」「死んだ人の姿や肖像」を意味することにも通じます。

わたしたちは神や仏、あるいはご先祖さまという、見えない力によって支えられています。そのことを先人たちはきっと感じていたのでしょう。

だからこそ、ご先祖さまを敬い、「おかげさまで」と手を合わせてきたのです。

ちなみに、神仏に手を合わせる際、「ご利益がありますように」と願う人を見かけますが、わたしは「ご利益」という言葉が好きではありません。なぜなら、それは「何かを得るために何かをする」という発想だからです。

「ご利益重視」は、「何も得るものがないなら行動しない」ということにつながってしまいます。言うまでもなく、それではいけません。だからわたしは、「利益」ではなく「感謝」という言葉を大切にしているのです。

「おかげさま」という言葉で示される日本人の感謝の心の中には、自分という人間を自分であらしめてくれた、直接的かつ間接的な原因のすべてが含まれています。

その中でも特に強く意識しているのが、自分をこの世に生みだす原因となった「ご先祖さま」ではないでしょうか。

「おかげさま」という言葉で示される日本人の感謝の感情の中には、自分という人間を自分であらしめてくれた直接的かつ間接的な原因のすべてが含まれています。

そして、その中でも特に強く意識しているのが、自分という人間がこの世に生まれる原因となった「ご先祖さま」なのです。

日本人はいったい、そういう先祖の霊魂がどこから来て、どこへ帰ると考えているのでしょうか。仏教の庶民的な理解では、地獄、極楽あるいは浄土ということになるでしょう。お盆の三が日は「地獄の釜も開く」と言われています。しかし、地獄や極楽とは庶民教化の方便として説かれたものです。それらは、人間の現世における行ないによって未来永劫の住処となるはずのものなのです。

そこから、どうして帰ってきたりすることができるのでしょうか。

ましてその死霊が地獄から来ているのだとすれば、これを再び地獄へ送り帰すなど、肉親の情を持つ者にできることではありません。

ですから、盆行事を営んでいる日本人の多くは、おそらく自分たちの先祖が極楽に行っていると信じているのでしょう。

日本人の「こころ」がお盆を必要としている

しかしながら、ここでも問題が出てきます。

仏教では、この極楽浄土は西方十万億土の彼方にあると、庶民に説いています。そこは煩悩罪悪に汚されたこの世、穢土《えど》を厭離《おんり》して往生すべき理想郷のはずなのです。

せっかく往《い》って再生した浄土から、日本人はどうして厭離すべきこの穢土へ先祖の霊たちを迎え、また送り出さなければならないのでしょうか。これはどう考えても、日本人がやっていることと仏教の教えとの間に矛盾があると言わなければなりません。

ここに、仏教以前の先祖祭祀の姿を見てとれるとも考えられます。ともあれ、たとえ宗教的に説明がしにくくても、日本人の「こころ」がお盆を必要としていることに変わりはありません。お盆の時期は、ぜひご先祖さまをお迎えして、心ゆたかな時間を過ごしていただきたいと思います。

日本人にとっての先祖とは？

現在の日本で行なわれている葬式は、ほとんどが仏式葬儀ともいわれます。

でも、「仏式」という言葉から想像するように、一〇〇％の仏教儀礼かというと、実はそうではありません。

清めの塩のルーツは神道であり、位牌のルーツは儒教です。このように、仏式葬儀の中には、実は神道も儒教も入り込んでいるのです。なお、本書の冒頭でもふれましたが、日本人の先祖供養の代名詞ともなっている「お盆」のルーツもじつは仏教ではありません。日本固有の「先祖祭り」がもとになっており、そのルーツは神道なのです。

日本人の「こころ」は、神道、儒教、仏教の三本柱から成り立っています。この三つの宗教は、かの聖徳太子の計らいによって今日まで平和的に共存してきました。

わたしは、さらに神道・儒教・仏教を貫く共通項があると思います。それは、「先祖崇拝」

です。聖徳太子も「先祖崇拝」という共通項があったからこそ、三つの宗教を平和的に共存させることができたのかもしれません。

では、「先祖」とは何か。

結論から言いますと、「先祖」の正体のひとつは「子ども」です！

驚かれた方も多いかと思いますが、それはこういうことです。日本人は世界的に見ても子どもを大切にする民族だそうです。そして、子どもを大切にする心は先祖を大切にする心とつながっています。

日本民俗学の父である柳田國男は名著『先祖の話』の中で、輪廻転生の思想が入ってくる以前の日本にも生まれ変わりの思想があったと説いていますが、その特色を次のように三つあげています。

第一に、日本の生まれ変わりは仏教が説くような六道輪廻ではなく、あくまで人間から人間への生まれ変わりであること。第二に、魂が若返るためにこの世に生まれ変わって働くという、魂を若くする思想があること。第三に、生まれ変わる場合は、必ず同じ氏族か血筋の子孫に生まれ変わるということ。

柳田は「祖父が孫に生まれてくるということが通則であった時代もあった」と述べ、そういった時代の名残として、家の主人の通称を一代おきに同じにする風習があることも指摘しています。

柳田の先祖論について、宗教哲学者の鎌田東二氏は、著書『翁童論』（新曜社）の中で、「この柳田のいう『祖父が孫に生まれてくる』という思想は、いいかえると、子どもこそが先祖であるという考え方にほかならない。『七歳までは神の内』という日本人の子ども観は、童こそが翁を魂の面影として宿しているという、日本人の人間観や死生観を表わしているのではなかろうか。柳田國男は、日本人の子どもを大切にするという感覚の根底には、遠い先祖の霊が子どもの中に立ち返って宿っているという考え方があったのではないかと推測しているが、注目すべき見解であろう」と述べています。

子どもこそが先祖であるという見解の背景には、こうした日本人が伝えてきた霊魂観があるのです。

子どもこそが先祖である！

「子どもこそが先祖である」という驚くべき発想を、かつての日本人は常識として持っていたという事実が驚きです。しかし、本当は驚くことなど何もないのかもしれません。自分自身が死んだことを想像してみたとき、生まれ変わることができるなら、そして新しい人生を自分で選ぶことができるなら、見ず知らずの赤の他人を親として選ぶよりも、愛すべきわが子孫の子として再生したいと願う。これは当たり前の人情というものではないでしょうか。いま、わたしが死んだとしたら、二人いる娘のどちらかの胎内に宿る確率は非常に高いように思います。そう考えると、子どもが先祖というものは、とっぴなようでいて、反面実に筋が通っているといえます。

柳田國男は生涯をかけて「日本人とは何か」を追求してきましたが、それにしても日本人はユニークな民族であると思わざるをえません。

肥大化する自我

さて、どうも昨今の日本人がかかえる日本の心の闇の奥底には、肥大化した「自我」があるのではないかと、わたしには思えてなりません。

自我は人間にとって必要不可欠なものであり、人格構造の根本でもあります。しかし、自我というものは、「いわば生物学的生命から浮き上がっている人為的なつくり物、まことに珍奇な幻想であって、根拠のないものだ」と精神分析の世界で有名な心理学者の岸田秀氏は述べます。人間は壊れた本能の代わりに「幻想」を必要とするというのが、岸田氏が提唱する「唯幻論」の核心です。

岸田氏は「死の恐怖」について、『一神教vs多神教』(新書館)という本で、「動物の個体の生命というのは同種の動物の他の個体の生命とつながっているわけです。種全体の一部ですから。だから、動物には死の恐怖はないと思います」と非常に興味深いことを語っています。わたしは「死」についての関心が深く、いつも考えているのですが、この岸田氏の発言にはハッとさせられました。たしかにそうだと思います。

象でも鹿でも犬でも何でもよいですが、動物は人間のように「分離の不安」を宿していません。あるのは、より大きな生物種に属しているという意識です。ですから、個体が死ぬときも、その生物種が存続すればそれでよしという部分があり、人間が「自分が死ぬのは、宇宙が終わるのと同じ」と感じるような死の恐怖は感じないのでしょう。

死の恐怖と自我

人間が「分離の不安」とともに得たものこそ「死の恐怖」でした。

そして、もう一つ得たものがあります。「自我」です。

何だか難しい感じがしますが、自我とは要するに「わたしは誰か」と考える心だと思って下さい。岸田氏は続けて、「人間の自我というのは自分だけのもので、しかも他から切り離されていて孤立していて独自なものですから、人間の個体が死に、自我が滅びるということは、他の何ものによっても埋め合わせできない絶対的な喪失です。だから、人間だけに死の恐怖があるのだと思います」と語っています。

本能だけで生きていれば、死ぬことを怖れずにすんだのに、本能が壊れて自我を持ってしまったがゆえに人間の心には「死の恐怖」が棲みついてしまいました。

感謝こそ幸福への道

ラテン語で、「現在」のことを「プレゼント」といいます。

今あるものは全部が神のプレゼントということです。神に限らず仏でもよいのですが、要求をぶつけて、「何か欲しい」「早く寄こせ」という人がいれば、神仏はそういう人間にさらなるプレゼントはしないはずです。

水の入ったコップを想像して下さい。コップに半分残った水。

それを見て、どう思うか。ずばり、「もう半分しかない」と思うか、「まだ半分ある」と思うか。前者はその後に「困った」という言葉が、後者は「良かった」という言葉が続くでしょう。そして、「求めよ、さらば与えられん」とするキリスト教的発想においては「もう半分しかない」と思い、「足るを知る」仏教的発想においては「まだ半分ある」と思いがちではないでしょうか。どちらが幸福感を得られやすいかは言うまでもありません。

大切なことは、「まだ半分ある」の向こうには、そもそも最初に水が与えられたこと自体に対して「ありがたい」と感謝する心があることです。

「感謝」は幸福になるための入口です。

実際、多くの人々が「感謝」の心こそ、「幸福」への道だといっています。その通りです。そして「大自然に感謝すべし」とか、「宇宙に感謝すべし」という宗教家のメッセージもよく目や耳にします。まったくその通りだと思います。

でも、なかなか普通の人間がそこまでの達観をすることも難しいでしょう。しかし、どこかで感謝のスイッチを入れて、心を「感謝モード」にすることが大切なのも事実です。

そのスイッチこそが、先祖を意識することではないでしょうか。「先祖と暮らす」という気持ちの中で、人は自然に感謝の気持ちを抱くことができると思います。

母親の命を引きかえに生まれてくる？

わたしは、人類について、ずっと不思議に思っていました。

「なぜ、こんな弱い生命種が滅亡せずに、現在まで残ってきたのだろうか？」と。

あるとき突如として、その謎が解明しました。それは、ヒトの親が子どもを死なせないように必死になって育ててきたからだとわかったのです。

そもそも、出産のとき、ほとんどの母親は「自分の命と引きかえにしてでも、この子を無事に産んでやりたい」と思うものです。

実際、母親の命と引きかえに生まれた新しい命も珍しくありません。また、無事に出産したとしても、産後の肥立ちが悪くて命を落とした母親も数えきれません。まさに、母親とは命をかけて自分を産んでくれて、育ててくれた存在なのです。

ある意味で、自然界においてヒトの子が最弱なら、ヒトの母親は最強と言えるかもしれません。そして、その母子を大きく包んで、しっかりと守ってやるのが父親の役割です。

誕生日とは、何よりも、命がけで自分を産んでくれたお母さん、そして自分を守ってくれたお父さんに対して感謝する日だと思います。

そう、誕生日は親という一番身近な先祖に感謝する日なのです。

わたしは、自分の誕生日に両親に対して心からの感謝をすることこそ、感謝のサイクルに突入して、心を感謝モードにする第一スイッチであるような気がしてなりません。感謝モードに入れば、両親への感謝から先祖への感謝、そして宇宙や自然や神仏への感謝へとつながってゆくのではないでしょうか。そう、誕生日こそはリメンバー・フェスなのです。

親もまた先祖である

このように、わたしは「感謝」こそが「幸福」にいたる道であり、そのための最初のスイッチとして、自分の親に感謝するということが有効であると信じています。このことは単なる道徳的教訓などではありません。心理学的にも大きな意味があるのです。

人間に「自我」があることはすでに述べました。

その「自我」が、死の恐怖を生み、さまざまな欲望を生み、ある意味で人間にとっての「不幸」の原因をいろいろと生んできたわけです。

岸田秀氏は、「自我」について、『一神教vs多神教』の中で、「人間は本能が壊れて自我をつくらざるを得ない。自我には支えがあって初めて成り立つんで、支えが必要です。何がその支えになるかということなんだけど、本能が壊れていてメチャクチャなんですから。人間は人間であるかどうかというのさえ決まっていないのです。だから、人間の自我はまず自分を人間だと思うところからはじめなければならないんです。自分を人間だと思うためには、自分を人間だと規定してくれる何かが要るんだということです」と述べます。

自分を人間であると規定してくれる存在とは、必ずしも神である必要はなく、普通は自分を産んだ親に求めるというのです。なぜなら、親とは自分をこの世に出現させた根本原因としての創造主だからです。親に感謝することは、自分を人間であると確信することであり、自我の支えとなって、もろもろの不安や不幸を吹き飛ばすことになるのです。

これが、「幸福になる法則」でなくして、何が「幸福になる法則」でしょうか。

親に感謝すれば幸福になるという意外にも超シンプルなところに、「幸福になる法則」は隠れていたのです。

人間関係を良くする「法則」の体系であった儒教においては、親の葬礼を「人の道」の第一義としました。親が亡くなったら、必ず葬式をあげて弔うことを何よりも重んじたというのも、結局は「親を大切にせよ」ということでしょう。

親を大切にするということは、すべての幸福のサイクルを作動させる初動動作なのだということを、孔子や孟子は知っていたように、わたしは思います。

そして、親とは最も近い先祖にほかなりません。

「いのち」のつながりを何よりも重んじた儒教では、祖先崇拝を非常に重要視しました。

それは、「孝」という大いなる生命の思想から生まれたのです。

第3章

死なないための方法

祖先崇拝こそ日本最大の宗教である！

日本人の先祖供養を考える上で、非常に参考になる名著があります。

ベルギー生まれで、日本の徳川思想史を研究する社会宗教学者オームス・ヘルマンの著書『祖先崇拝のシンボリズム』（弘文堂）です。

その「まえがき」の冒頭には、「日本の祖先崇拝は、民族学者・社会学者・文化人類学者などによってかなりよく研究されてきた。しかしこれらの研究で、ともすれば忘れられがちなのは、祖先崇拝が、宗教的な現象だということである。すなわち単なる社会現象ではなく、同時に、それは、象徴に関わる文化システムであり、人々はある特別な認識（ある種の『信仰』）を通してこれと同化するのである」と書かれています。

そう、日本人にとって祖先崇拝は宗教以前に内面化されています。

ヘルマンによれば、それは社会現象でも宗教現象でもとらえられないシンボルの関わる文化のシステムであるというのです。

わたしは先祖供養や家系図などを、日本人のための一種の「文化装置」であると考えているのですが、これはヘルマンの考え方にも通じます。

古代より日本人は、先祖を「カミ」「ホトケ」と呼ぶほどに「ご先祖さま」を大切にしてきました。日本という国の歴史を通じて、何らかの形で日本人は祖先を祀ってきました。それは、日本文化および日本人の「こころ」の一大特徴であると言えるでしょう。

日本人の「こころ」は、神道、仏教、儒教の三本柱によって成り立っているというのが、わたしの持論です。

さらに、ヘルマンは、「祖先崇拝は、特定の『宗教』を越えたものとして普遍的に存在していた。事実、日本のあらゆる宗教は――仏教、神道、民間信仰はもちろん、キリスト教及び儒教までもが、皆祖先崇拝をともかく考慮に入れ――それに対する自分の立場を決めなければならなかったのである」と述べるのでした。

「先祖祭り」は日本人の信仰の根幹

仏式葬儀の中には神道も儒教も入り込んでいます。

さまざまな宗教・思想がもとになって形作られた「先祖祭り」があり、この「先祖祭り」は宗教を超え、わが国の民間信仰の根幹をなしています。

氏神信仰などはその典型といえますね。

祭りの対象は先祖代々の霊すなわち祖霊です。

通常は三三年の最終年忌をトムライアゲ・トイアゲなどといって、葉付塔婆や梢付塔婆《うわつき》という塔婆を立てます。これを境に死者は死穢から清まり、先祖や神になるといいます。

最終年忌がすむと、位牌を流したり、墓石を倒したりする地方もあります。

ちょうど一世代たつと、死霊は個性を失って、祖霊という群霊体に融合し、子孫や郷土を守る先祖として祀られるわけですね。

ドラマティックな「先祖」の誕生です！

スピリチュアル用語を使えば、ここでいう「死霊」とは「ソウル」であり、祖霊という群霊体は「グループ・ソウル」ということになるでしょうか。

ここで気づくのは、これまで宜保愛子、細木数子、江原啓之といった人々がテレビをはじめとしたメディアを騒がせ、「霊視」とか「占星術」とか「スピリチュアル」とか多様な表現を使ってきました。

でも、彼らのメッセージの根本はいずれも「先祖を大切にしなさい」ということでした。日本人にとっての最大の信仰の対象とは「先祖」にほかならないことをメディアの申し子である彼らは熟知していたように思います。

まさに、伝統宗教から新興宗教、新宗教、そしてスピリチュアルまで、日本人の精神世界における最大のコンセプトとは「先祖供養」なのだと、わたしは思います。

「死」を考える

人間にとって「死」は最大の問題です。よほど悟った聖人ならいざ知らず、ほとんどの人は自分の死を想像したら恐怖を感じることでしょう。

しかし、死の恐怖を感じなくてもすむ方法があることをご存知ですか。

それは何を隠そう、あなたが死ななくなることです。「何を馬鹿なことを！」と言われるかもしれませんが、わたしの話をしばらくお聞き下さい。

死ぬとは何か。それは、「いのち」が失われること。では、「いのち」とは何か。

わたしたちは、「いのちを大切に」などと言います。しかし、いのちは実体を持ちません。かたちはありませんし、その姿も見えません。人間に限らず鳥でも魚でもアメーバでも、生物にはすべて姿があり、したがって実体があります。

いのちは、実体ある生物が生きてゆく原動力というべきものです。それなのに、いのち自体が実体のない非物質的なものであるということは、たいへん不思議な話です。「いのち」を「生命」と言い換えてみましょう。生命には情報が込められています。そして、ＤＮＡという細長い分子が生命の情報を伝えています。親から子に生命の情報が伝えられることを「遺伝」と呼びます。

ＤＮＡについては、例えが古くて恐縮ですが、情報をダビングできるカセットテープのようなものをイメージすると、わかりやすいでしょう。

約四〇億年前の地球。海の中には熱湯が噴出しており、いろいろな原子がくっついて分子になりました。その中から偶然に遺伝情報を担う分子が出現したとされています。それは、短いテープのようなものだったでしょう。しかし、このテープはある性質をもっていました。自ら長くなることができたのです。

また、そのテープに記録されている情報を新しいテープにダビングすることもできました。その結果、自分と同じ情報をもったテープを増やすことができたのです。

「孝」にこめられた意味

二五〇〇年前の中国に、生命を不滅にするための方法を考えた人がいました。かの孔子です。彼は、なんと、人間が死なないための方法を考え出したのです。

その考えは、「孝」という一文字に集約されます。

「孝」とは何か。

あらゆる人には祖先および子孫というものがありますが、祖先とは過去であり、子孫とは未来です。その過去と未来をつなぐ中間に現在があり、現在は現実の親子によって表わされます。すなわち、親は将来の祖先であり、子は将来の子孫の出発点です。ですから子の親に対する関係は、子孫の祖先に対する関係でもあるのです。

孔子の開いた儒教は、そこで次の三つのことを人間の「つとめ」として打ち出しました。

一つ目は、祖先祭祀をすること。仏教でいえば、先祖供養をすることです。

二つ目は、家庭において子が親を愛し、かつ敬うこと。

三つ目は、子孫一族が続くこと。


この三つの「つとめ」を合わせたものこそが「孝」なのです。「孝」というと、ほとんどの人は、子の親に対する絶対的服従の道徳といった誤解をしています。それは間違いです。

死んでも、なつかしいこの世に再び帰ってくる「招魂再生」の死生観と結びついて生まれた観念が「孝」というものの正体です。これによって、古代中国の人々は死への恐怖をやわらげました。なぜなら、「孝」があれば、人は死なないからです。

孝によって人が不死の存在となるという点について、日本における儒教研究の第一人者である中国哲学者の加地伸行氏によれば、死の観念と結びついた「孝」は、次に死を逆転して「生命の連続」という観念を生み出しました。亡くなった先祖の供養をすること、つまり祖先祭祀とは、祖先の存在を確認することです。

また、祖先があるということは、祖先から自分に至るまで確実に生命が続いてきたということになります。さらには、自分という個体は死によってやむをえず消滅するけれども、もし子孫があれば、自分の生命は生き残っていくことになります。

だとすると、現在生きているわたしたちは、自らの生命の糸をたぐっていくと、はるかな過去にも、はるかな未来にも、祖先も子孫も含め、みなと一緒に共に生きていることになります。わたしたちは個体としての生物ではなく一つの生命として、過去も現在も未来も、一緒に生きるわけです。

これが儒教のいう「孝」であり、それは「生命の連続」を自覚するということなのです。ここにおいて、「死」へのまなざしは「生」へのまなざしへと一気に逆転します。

「遺体」と「死体」の違い

この孔子にはじまる死生観は、明らかに生命科学におけるＤＮＡに通じています。

とくに、イギリスの生物学者リチャード・ドーキンスが唱えた「利己的遺伝子」という考え方によく似ています。生物の肉体は一つの乗り物にすぎないのであって、生き残り続けるために、生物の遺伝子はその乗り物を次々に乗り換えていくといった考え方です。

なぜなら、個体には死があるので、生殖によってコピーをつくり、次の肉体を残し、そこに乗り移るわけです。子は親のコピーにほかなりません。

加地氏によれば、「遺体」とは「死体」という意味ではありません。人間の死んだ体ではなく、文字通り「遺《のこ》した体」というのが、「遺体」の本当の意味です。つまり遺体とは、自分がこの世に遺していった身体、すなわち「子」のことなのです。

あなたは、あなたの祖先の遺体であり、両親の遺体なのです。あなたが、いま生きているということは、祖先や両親の生命も一緒に生きているのです。

そうなれば、もう個体としての死など怖くなくなります。

このように、「孝」はDNAにも通じる大いなる生命観なのです。

「孝」があれば人は死なないとは、そういうことです。あなたが祖先の祭祀を行ない、子孫の繁栄を願うことは、あなたが死なないためでもあるのです。

「孝」から「恩」へ

儒教のコンセプトである「孝」からは、仏教の「恩」という考え方が出てきます。恩とは何でしょうか。文字がその意味を教えてくれます。

心の上の因という字は、口の中に大と書いてあります。檻の中に人を入れると囚人になりますが、この場合は人間がこのように大きくなって存在できるのは、必ず何かのお蔭によるものであるということを表わしているのです。したがって、それは誰のお蔭であるかということを考え、これを自覚することが「恩を知る」ということなのです。

恩と言えば何よりも自分をこの世に迎え入れてくれた親の恩を忘れてはなりません。仏教には、親の恩を身近に説いた「父母恩重経《ふぼおんじゅうきょう》」というものがあります。

この経文の特徴は親の恩を徹頭徹尾、母親の姿で親の恩が語られていることですが、それはブッダの母親が彼を産んで、七日目に亡くなっていることに原因があるようです。

「自分の命と引き換えに私の肉体を、魂をこの世に産み出して下さったお母様に、何一つしてさしあげることができなかった」というブッダの気持ちが偲ばれます。

父の浄飯王は七九歳まで長寿を保ちましたが、父の病気のときには看病もし、また野辺の送りに際しては、自らの右肩にその柩を担いでいます。

しかしながら、母の麻耶夫人には何一つしてあげられませんでした。その母への想いが底に流れて、この「父母恩重経」が説かれているのです。

わたしは冠婚葬祭を業とすることもあり、機会あるごとに「父母恩重経」に出てくるエピソードを社員のみなさんに紹介し、親の恩の有難さを説いています。また、わが社の人事考課では「親孝行をしているか」というのが重要なチェック項目になっています。

課長以上は社長の自分が面談の上、両親に対してどういう恩返しをしているかをヒアリングし、また周囲から情報も収集して、査定に反映させています。

親の恩を忘れ、親をないがしろにするような者など、お客様や部下の心がわかるはずもないし、立派な仕事ができるはずがないからです。

骨に現れる日本人の祖霊観

儒式葬儀には日本人の死生観とも重なり合う部分があります。

仏教では骨に何の意味もありませんが、わたしたち日本人は依然として骨を単なる物体として考えることができません。飛行機や船などの事故の犠牲者のご遺体は、たとえ白骨になっていても探し求めようとします。霊魂と骨とを同一視する意識があります。

この感覚は日本人の伝統的な祖霊観、祖霊意識であり、かつまた類似するものは古今東西、世界中に見られるものです。もちろん、中国にも存在しましたし、現在もあります。

そして、この感覚を見事に理論化して、さらに体系化したものこそが儒教なのです。

加地氏いわく、おそらくそれは世界で唯一の理論体系だそうです。

すなわち、日本人の祖霊感覚は仏教よりも儒教に近いわけです。

このように、仏式葬儀の中には、実は神道も儒教も入り込んでいます。

混ざり合った日本の宗教

ちなみに、仏教のみならず神道でさえ、現在見られる形は古代に存在した神道のオリジナルではありません。神社は仏教の寺院の影響で造られたものですし、神前での儀式や作法は中世に儒教のやり方を取り入れて体系化されたものです。

このように日本人の三大宗教である神道・儒教・仏教は分かちがたく結びついています。日本人の宗教について話がおよぶとき、必ずと言ってよいほど語られるネタがあります。いわく、正月には神社に行き、七五三なども神社にお願いする。しかし、バレンタインデーにはチョコレート店の前に行列をつくり、クリスマスにはプレゼントを探して街をかけめぐる。結婚式も教会であげることが多くなった。そして、葬儀では仏教の世話になる。

エッセイで、講演で、または職場や酒場で、いささか食傷気味になるほど繰り返されて語られる話ですが、日本人は無節操だということで批判的に言われることが多いようです。

このような日本人の生活宗教習慣は「シンクレティズム」という言葉で表現されます。

シンクレティズムとは「習合信仰」や「重層信仰」と訳されますが、違うものが混じりあって、区別がつかないというネガティブな意味合いがあります。でも、日本の宗教の歴史を見てみれば、「まさにその通り」と言う他はありません。

もともと古来から神道のルーツである神祇《じんぎ》信仰があったところに儒教や仏教が入ってきて、これらが融合する形によって日本人の伝統的精神が生まれました。

そして、明治維新以後はキリスト教をも取り入れ、文明開化や戦後の復興などは、そのような精神を身につけた人々が、西洋の科学や技術を活かして見事な形でやり遂げたわけです。まさに、「和魂洋才」という精神文化をフルに活かしながら、経済発展を実現していったのです。日本人の宗教について「中途半端な折衷主義」であると外国人から批判されることが多いようですが、わたしたちは、場当たり的に宗教を使っているわけではありません。

「和」と「分」の文化

日本に長く滞在した宗教学者のヤン・スィンゲドーは、『宗教学辞典』（東京大学出版会）の「世俗化」の項目で、「和」と「分」の構造を用いて日本宗教のあり方を説明しています。

いわく、「和」は日本文化全体の特徴ですが、日本人の伝統的な宗教意識は「和」に深く影響され、「和」そのものの一環をなしています。

原則として誕生に関連する儀礼は神道の「分」であり、死と関連する儀礼は仏教に、そして結婚式はキリスト教の「分」であるというのです。

そして、それぞれの宗教はそれぞれの「分」を守ることによって、日本人の宗教全体の「和」が維持されるというのです。それは、ユダヤ・キリスト・イスラムといった一神教の信者にはとても考えられない世界でしょう。

キリスト教世界で「あなたの宗教は何ですか」と問うことは、キリスト教徒であるか、ユダヤ教徒であるか、あるいはイスラム教徒であるかを問うことです。

一神教世界では、キリスト教徒であると同時にユダヤ教徒やイスラム教徒であるということはあり得ません。

ただ一つの宗教を主体的に選びとることが一神教世界における宗教に対する基本的な態度であり、そこに一神教的な信仰の本当のあり方があります。つまり、「あれか、これか」なのであって、どちらかを選択しなければならないのです。

「あれも、これも」の宗教観

しかし、日本の伝統的な宗教、あるいは宗教心というのはそのような二者択一によるのではなく、「あれも、これも」という対し方でした。

神と仏を同時に信仰してきたのが伝統的な日本人であり、正月には初詣に神社にお参りし、人が亡くなって葬儀をあげるときにはお寺でやることは何ら不自然なことではありません。家には神棚があり、仏壇が飾ってある。これも自然です。

そもそも日本には今日の意味での「宗教」という言葉は存在しなかったのです。

明治になって、Religion（レリジョン）という英語が入ってきました。そのとき、訳語として「宗教」という言葉が選ばれたわけですが、「レリジョン」という言葉は本来、一神教を意味し、もっと狭い意味ではキリスト教のことでした。

ですから「宗教」というコンセプトは、明治以前の日本人には意識もされなかったことだったのです。わたしたち日本人は、家に神棚と仏壇が共存するような生き方を神信心、仏信心で済ませてきたのです。

しかし、明治になって「宗教」という一神教の色で染めあげられた言葉を使用するようになりました。その時代の日本人はキリスト教徒でないにもかかわらず、自分自身の内面をキリスト教徒のまなざしで眺めようとしました。つまり、本当の宗教というのは、「あれか、これか」の宗教、一つを選びとる宗教だと考えるようになったのです。

その結果、それまでの日本の伝統的な宗教、すなわち「あれも、これも」の宗教を、迷信とか俗信とかあるいは低次元の宗教と考えるようになってしまったのです。

といっても、日本人は決して「あれも、これも」の信仰を捨てませんでした。

あいかわらず家には神棚と仏壇をまつり、信者でなくとも平気でキリスト教会で結婚式をやってきたのです。一方で「あれか、これか」と宗教の建前を受け入れながら、しかし他方で、その実態を覆い隠してきたと言えるでしょう。

日本人が実現した三位一体

「あれか、これか」の宗教、つまり一神教を代表するユダヤ・キリスト・イスラム教には信仰の根幹に関わる大問題があります。いわゆる「三位一体説」です。

まず、イスラエルの地でユダヤ人が唯一絶対神であるヤハウェを信仰しました。ユダヤ教の誕生です。それをキリスト教徒が引き継ぎ、同じ聖書からイスラム教も誕生しました。

ユダヤ教もキリスト教も、同じ唯一絶対の神を信じることに変わりはありませんが、ユダヤ教やイスラム教が徹底して唯一の存在としての神を信奉するのに対し、キリスト教では、多くの緩やかな神についての解釈が採用されました。その代表が、三位一体説です。

すなわち神とは、「父」と「子」と「聖霊」。

父なる神、人の罪を贖《あがな》うキリスト（救世主）としての神の子イエス、個々の信仰者に現れる神の化身的存在あるいは神の霊としての聖霊の三つで、それら三者が曖昧《あいまい》に微妙なバランスをもって、ともに神として存在しているというのです。

このような三位一体説、つきつめればイエスの存在をどうとらえるかでユダヤ・キリスト・イスラムの三大一神教は見方を異にし、対立して、血を流し合ってきたと言えます。

ところが、わたしは日本こそ、真の三位一体説の国ではないかと考えています。それは、「父」と「子」と「聖霊」ではなく、「神」と「仏」と「人」による三位一体説です。

宗教や信仰とは結局、何かの対象を崇敬し、尊重することですが、日本人は森羅万象にひそむ神を讃え、浄土におわす仏を敬い、かつ先祖を拝み、君主をはじめ他人に対して忠誠や礼節を示してきました。

徳川家康や西郷隆盛といった歴史的英雄がそうでしたし、吉田松陰などの思想家、東郷平八郎などの軍人も神として神社に祀られています。

考えてみれば、生身の人間を神仏と並べるなど、まことに恐れ多いことです。一神教においては、神と人間を並べるなど、絶対にありえないことです。しかし、日本ではそれが当たり前に行なわれてきました。

カミやホトケよりも祖霊が大切

そもそも、日本では天皇そのものが神仏と並び称される存在です。

なにしろ天皇とは、『古事記』や『日本書紀』に出てくる神々の子孫でありながら、仏教の最大の支援者であったという歴史を持つのですから。日本人は、「神さま、仏さま、○○さま」と、現実に生きている人間を神仏と並べます。これは、まさに神、仏、人の三位一体であり、それらの容器となった宗教こそ、神道、仏教、儒教ではないでしょうか。

そして、三位一体といえば、「神さま、仏さま、ご先祖さま」という言葉もあります。

日本人にとって、ご先祖さまがあっての神さま、仏さまなのかもしれません。ご先祖さまが神仏と子孫とを親しくつないでくれる、あるいはご先祖さまを大事に抱えてくれる存在としてのカミ、ホトケを日本人は信仰してきたのです。このように、ご先祖さま、つまり「祖霊」（先祖霊）というものがキーワードになるわけですが、民俗学者の神崎宣武氏は著書『神さま・仏さま・ご先祖さま』（小学館）で「私ども日本人は、祖霊の存在を認知してきた。死霊がある年数を過ぎると祖霊になり、祖霊は、年中の行事のたびに里に降り家を訪れ、子孫の暮らしを見守るもの、とする。そして、そうした祖霊観は、神道にも仏教にも共通してとり入れられているのである」と述べています。

戦後の日本国憲法では信仰の自由が認められており、古い慣習にとらわれる必要はなくなっています。しかし、わたしたち日本人の「こころ」の根底には、現在もなお神仏と祖霊が渾然一体となっているようです。

神崎氏によれば、それは中世から現代まで、さまざまに変遷しながらも、日本人の信仰の「型」として不断の連続が見られます。それは日本の「文化」そのものだというのです。中でも、日本人にとっては先祖の存在が大きく、わたしたちはカミやホトケに対してよりも祖霊に対して帰属意識が強いのです。

「神さま、仏さま、ご先祖さま」とは「神」と「仏」と「人」による三位一体説にほかならず、まさに「日本教」だと言えるかもしれません。

聖徳太子はキリスト以上？

日本的「三位一体」をなす「神儒仏」を一つのハイブリッド宗教として見るなら、その宗祖とはブッダでも孔子もなく、やはり聖徳太子の名をあげなければならないでしょう。神道や仏教のみならず、儒教までをその体内に取り入れている日本人の精神風土を、わたしは全面的に肯定します。

一神教の世界では戦争が絶えませんが、日本人はあらゆる宗教を寛容に受け入れます。その広い心の源流をたどれば、はるか聖徳太子に行き着くのです。

聖徳太子こそは、日本人の歴史における最重要人物です。

太子は、宗教と政治における偉大な編集者でした。儒教によって社会制度の調停をはかり、仏教によって人心の内的不安を実現する――すなわち心の部分を仏教で、社会の部分を儒教で、そして自然と人間の循環調停を神道が担うようにしました。三つの宗教がそれぞれ平和分担するという「和」の宗教国家構想を説いたのです。

この太子が行なった宗教における編集作業は日本人の精神的伝統となり、鎌倉時代に起こった武士道、江戸時代の商人思想である石門心学、そして今日にいたるまで日本人の生活習慣に根づいている冠婚葬祭といったように、さまざまな形で開花していきました。

「&」が日本人の先祖供養

わたしは沖縄・那覇の「波の上ビーチ」が好きで、出張のたびによく訪れます。青く美しい海が見えるスポットですが、その海の向こうには中国の上海があります。ビーチの隣は神社。イザナミノミコトを御祭神とする波上宮《なみのうえぐう》です。その隣は寺院。真言宗高野山派の波上山護国寺です。

さらにその隣は孔子廟と至聖廟。孔子と道教の神々がともに祀られています。いかにも「守礼之那《しゅれいのくに》」と呼ばれる沖縄らしいと言えますが、ここでは、わずか数百メートルの圏内に道教も含め、神道、仏教、儒教の宗教施設が隣接しているのです。

三宗教が共生しているのです。まさに、「沖縄のチャンプルー文化ここにあり！」を見せつけられる思いがします。ここではすべてが「&」なのです。

現在の世界の状況を見ると、ユダヤ教、キリスト教、イスラム教の三宗教の間には「V

ｓ」が入っています。一神教的対立を続ければ、このままでは人類社会が存亡の危機を迎えることは明らかです。しかし、神道、仏教、儒教の間には「＆」が入っています。異なる宗教を「＆」でつなげたところが日本人のすごいところです。

そして、なんとか日本以外にも「＆」が広まってほしいものです。「ｖｓ」では人類はいつか滅亡してしまうかもしれません。でも「＆」なら、宗教や民族や国家を超えて共生していくことができます。

ユダヤ教、キリスト教、イスラム教をはじめ、ありとあらゆる宗教の間に「＆」が踊り、世界中に「＆」が満ち溢れた「アンドフル・ワールド」の到来を祈念するばかりです。そして、そのシンボルこそ日本人の先祖供養ではないでしょうか。

沖縄の祖先崇拝に学ぶ

先祖を大切にすれば幸せになれる。そんな儒教の思想が強く生きている場所が日本にもあります。沖縄です。

「守礼之邦」という言葉は、沖縄の人が「礼」というものを何よりも重んじてきた証拠です。礼において最も大事なことは親の葬儀であり、先祖供養です。沖縄人ほど、先祖を大切にする人々はいないのではないでしょうか。

旧暦一月には十六日《ジュールクニチー》、旧暦三月には清明祭《シーミーサイ》を行います。ともに墓参りの祭りです。最大の墓地地帯である那覇の識名《シキナ》の祭りも壮観ですし、糸満の幸地腹門中墓《コウチバラモンチュウバカ》では沖縄最大の清明祭が行われます。その他にも、旧暦七月の七夕《たなばた》と盆、それに何年かおきに行なわれる墓の年忌《ニンチ》が代表な先祖供養の祭りです。

沖縄において二十四節気の清明《シーミー》に催される「清明祭」は墓を掃除して墓参し、親類が揃って墓前で祖先と共に食事を行なうというものです。その雰囲気はまるでピクニックのようだとも表されます。

なお、清明祭が行なわれない地域では、「十六日祭」（ジュウルクニチ、旧暦一月一六日）または旧暦の七夕（旧暦七月七日）が代わりに行なわれるというものです。本書でも詳しく触れていますが、その特徴に鑑みると清明祭はリメンバー・フェスそのものといえます。

沖縄の人々は、「亀甲墓《かめこうばか》」と呼ばれる先祖の墓の前で宴会を開きます。先祖と一緒にご飯を食べ、そこは先祖と子孫が交流する空間になります。髪を金髪に染めようが、暴走族に入っているような少年でも、先祖の祭りには必ず参加するそうです。

その理由は、「自分が死んだとき墓に入れてもらえないと困るから、先祖に義理を果たさないと」というのです。子どもの頃からお墓で遊ぶことは、家族意識や共同体意識を育て、先祖から子孫へという縦につながる行事です。まさにリメンバー・フェスであり、本当に素晴らしいことだと思います。

沖縄の生年祝に学ぶ

祖先を大切にする沖縄人は、当然のことながら老人も大切にします。

わたしは、長寿を祝う生年祝に何度も出ましたが、宴の最後には、必ず出席者全員参加のカチャーシーがあります。

カチャーシーとは、沖縄民謡の演奏に合わせ、聴衆や演奏者などが一体になって、両手を頭上に掲げて左右に振り、足も踏み鳴らし踊ることです。

老若男女がみんな一緒になって踊るさまは、本当に微笑ましいものです。

泡盛に心地よく酔い、カチャーシーのリズムに身をまかせていると、過去の先祖たちも未来の子孫たちも姿は見えないけれど、そこにいて一緒になって踊っているような不思議な感覚に沖縄の人々は包まれます。そして「生命は永遠である」という強い実感が湧いてくるそうです。

北陸の先祖崇拝に学ぶ

沖縄と同様に、わが社が冠婚葬祭事業を展開している関係で、わたしは金沢を中心とする北陸を頻繁に訪れます。本願寺第八世の蓮如《れんにょ》が加賀との境に位置する越前・吉崎に御坊《ごぼう》を構えた中世、北陸は浄土真宗の教えに染め上げられていきました。信心の土壌は現代にも北陸の人々の心に根を張り、「真宗王国」と呼ばれるほどです。

その厚い信仰心は仏壇づくりにも情熱を注ぎ、優れた技と美を生み出しました。

北陸の人々は仏壇をこよなく大切にします。今でも富山県の田舎の農家などにものすごく大きな仏壇が飾られていて驚くことがあります。

仏壇の産地としては、石川県の金沢市、白山市美川、七尾市が有名ですが、いずれも金箔の美しさが特徴です。なにしろ、日本の金箔の九九パーセントが金沢産ですから、それは見事なものです。仏壇は家の中における宗教空間ですが、豊富な金箔が発する黄金の輝きは光に包まれた浄土の世界を表現し、命の尊厳をも照らし出すように感じられます。

中でも、七尾仏壇は頑丈なことで知られています。

七尾は能登半島の中央部に位置します。二〇二四年に最大震度七という能登半島地震が発生しましたが、二〇〇七年三月に石川県輪島沖で発生した能登半島地震では、華麗で大きな七尾仏壇はびくともしなかったといいます。

それどころか、七尾では「地震が来たら仏壇の前に行け」という言葉をよく耳にするそうです。わたしは、それを七尾に住むわが社の社員から聞いて、非常に感銘を受けました。もちろん、七尾仏壇が頑丈であることを示すエピソードでしょうが、わたしにはそれだけとは思えませんでした。

すなわち、「地震が来たら仏壇の前に行け」とは、何かの危機が発生した場合、人々の身体だけではなく精神も仏壇が守ってくれる、そういう意味に思えたのです。実際、毎日、熱心に仏壇に向かって拝む子孫の心身を先祖は必死に守ってくれたはずです。

「北陸の王」であった前田利家も熱心な真宗の信者でした。彼も先祖を大切にし、熱心に仏壇に向かって拝みました。

金沢は戦争の傷跡がまったくない都市です。先の大戦のみならず、あの幕末・維新の動乱期においても、金沢は戦禍というものをまったく被っていません。日本で最も美しい城下町として知られる金沢は、利家が金沢城に入城して以来、およそ四二〇年以上ものあいだ一度も戦災に遭ったことがない、日本でもきわめて珍しい町なのです。

加賀藩は百万石。徳川幕府に次ぐ巨大勢力であり政治上の影響力も決して小さくなかった金沢城がまったく攻撃を受けなかったというのは奇跡に近いと、わたしは思います。その原因としては、もちろん幕府を意識して天守閣をあえて設けなかったという利家の配慮もありますが、利家の信心によって、また真宗王国を支えた北陸の人々の信心によって、彼らの先祖が守ってくれたとは考えられないでしょうか。

先祖の役割とは子孫を守ること

もともと、先祖の最大の役割とは子孫を守護することにあります。「守護霊」という言葉が今ではすっかり一般的になりましたが、心霊関係者の専門用語であったこの言葉を世に広めたのは、漫画家つのだじろうの代表作『うしろの百太郎』です。

主人公の後一太郎という少年の背後には百太郎という霊がついていて、百太郎は一太郎のあらゆる危機から守ってくれます。同作は一九七三年に「週刊少年マガジン」で連載が開始され、小学生だったわたしも夢中になって読んだ記憶があります。

『うしろの百太郎』では「主護霊」という言葉で説明されていますが、これは「守護霊」と同じ意味です。そして重要なことは、一太郎の守護霊としての百太郎は、一太郎のはるか昔の先祖であったということです。スピリチュアルのキーワードとなった感もある「守護霊」とは、先祖が子孫を守るシステムだったのです。

守護霊は何かに似ています。そうです、現実の世界におけるガードマンに似ていますね。セキュリティ会社から派遣されたガードマンとそっくりです。

ならば、一人の守護霊のみならず、無数の先祖という守護霊が住んでいる仏壇とは家庭における心のホーム・セキュリティかもしれません。うつ、家族の不和、家庭内暴力、さらには離婚や自殺、親殺し、子殺し……現在の日本において深刻化しているあらゆる心の危機から子孫を守護してくれるハートフル・セキュリティ・ボックス。それが仏壇の正体ではないでしょうか。そして、仏壇をはさんで会話を続ける先祖と子孫は魂の風通しが良くなり、先祖は子孫に生まれ変わりやすくなるような気がします。

死者との共生

日本にはもともと祖霊崇拝のような「死者との共生」という強い文化伝統がありますが、どんな民族の歴史意識や民族意識の中にも「死者との共生」や「死者との共闘」という意識が根底にあると思います。

ＳＦの巨匠アーサー・Ｃ・クラークは、名作『２００１年宇宙の旅』（ハヤカワ文庫）の「まえがき」に、「今この世にいる人間ひとりひとりの背後には、三十人の幽霊が立っている。それが生者に対する死者の割合である。時のあけぼの以来、およそ一千億の人間が、地球上に足跡を印した（伊藤典夫訳）」と書きました。

クラークがこの作品を刊行したのは一九六八年ですが、わたしにはこの数字が正しいかどうか知りませんし、また知りたいとも思いません。

それよりも問題なのは、わたしたちの傍には数多くの死者たちが存在し、わたしたちは死者に支えられて生きているという事実です。

多くの人々が孤独な死を迎えています。亡くなっても長いあいだ誰にも発見されない「孤独死」、葬儀に誰一人として参列者のいない「孤独葬」も増加しています。

このような今日、わたしたちに必要なのは死者たちを含めた大きな「魂のエコロジー」とでも呼ぶべき死生観であると思います。

病死、餓死、戦死、事故死、自殺、孤独死、大往生……これまで、数え切れない多くの人々が死に続けてきました。わたしたちは常に死者と共生しているのです。

絶対に、彼らのことを忘れてはなりません。死者を忘れて生者の幸福などありえないと、わたしは心の底から思います。

これが、わたしがリメンバー・フェスの必要性を訴えるゆえんのひとつです。

「死者を忘れない」方法

では、死者を忘れないためにはどうすべきか。

お盆やお彼岸に先祖供養をするのもよし、毎日、仏壇に向って拝むのもよし。

でも、わたしは一つの具体的な方法を提案したいと思います。

その「死者を忘れない」方法とは、宗教の枠も民族の壁も超える方法です。

それは、月を見るたびに、死者を思い出すことです。

わたしは、いつも行なっていますが、実際に夜空の月を見上げながら亡くなった人を想うと、本当に故人の面影がありありとよみがえってきます。

わたしは月こそ「あの世」であり、死者は月へ向かって旅立ってゆくと考えています。

そのわけをお話しましょう。世界中の古代人たちは、人間が自然の一部であり、かつ宇宙の一部であるという感覚とともに生きていました。そして、死後への幸福なロマンを持っていました。その象徴が月です。彼らは、月を死後の魂のおもむくところと考えました。月は、魂の再生の中継点と考えられてきたのです。

多くの民族の神話と儀礼において、月は死、もしくは魂の再生と関わっています。規則的に満ち欠けを繰り返す月が、死と再生のシンボルとされたことはきわめて自然です。

人類において普遍的な信仰といえば、何といっても、太陽信仰と月信仰の二つです。

太陽は、いつも丸い。永遠に同じ丸いものです。それに対して月も丸いけれども、満ちて欠けます。この満ち欠け、時間の経過とともに変わる月というものは、人間の魂のシンボルとされました。つまり、絶対に変わらない神の世界の生命が太陽をシンボルとすれば、人間の生命は月をシンボルとするのです。

人の心は刻々と変化変転します。人の生死もサイクル状に繰り返します。死んで、またよみがえってという、死と再生を繰り返す人間の生命のイメージに月はぴったりなのです。

地球上から見るかぎり、月はつねに死に、そしてよみがえる変幻してやまぬ星です。また、潮の満ち引きによって、月は人間の生死をコントロールしているとされています。

さらには、月面に降り立った宇宙飛行士の多くは、月面で神の実在を感じたと報告しています。月こそ神の住処《すみか》をイメージさせる場所であり、天国や極楽のシンボルなのです。

あとがき～月に向かって祈る

リメンバー・フェスとは、けっして新しいものではなりません。先祖を想い、死者を供養するという日本人の心を呼び覚ますための言葉です。

人類の生命は宇宙から来たと言われています。わたしたちの肉体をつくっている物質の材料は、すべて星のかけらからできています。その材料の供給源は地球だけではありません。はるか昔のビッグバンからはじまるこの宇宙で、数え切れないほどの星々が誕生と死を繰り返してきました。その星々の小さな破片が地球に到達し、空気や水や食べ物を通じて、わたしたちの肉体に入り込み、わたしたちは「いのち」を営んでいるのです。

わたしたちの肉体とは星々のかけらの仮の宿であり、入ってきた物質は役目を終えていずれ外に出てゆく、いや、宇宙に還っていくのです。宇宙から来て宇宙に還るわたしたちは、宇宙の子なのです。そして、夜空にくっきりと浮かび上がる月は、輪廻転生の中継基地そのものと言えます。人間も動植物も、すべて星のかけらからできています。その意味で月は、生きとし生ける者すべての源は同じという「万類同根」のシンボルでもあります。

かくして、月に「万教同根」「万類同根」のシンボル・タワーを建立し、レーザー（霊座）光線を使って、地球から故人の魂を月に送るという計画をわたしは思い立ち、実現をめざして、いろいろな場所で構想を述べ、賛同者を募っています。本書の姉妹本として刊行されるもう一つのR本（タイトルの頭文字がRから始まることから、そう呼んでいます）である『ロマンティック・デス』に詳しく書きました。

シンボル・タワーは、そのまま、地球上のすべての人類のお墓ともなります。月に人類共通のお墓があれば、地球上での墓地不足も解消できますし、世界中どこの夜空にも月は浮かびます。それに向かって合掌すれば、あらゆる場所で死者の供養ができます。

柳田国男が名著『先祖の話』に詳しく書いていますが、先祖の魂は近くの山から子孫たちの人生を見守ってくれているというのが日本人の典型的な祖霊観でした。

ならば、地球を一番よく見ることができる宇宙空間である月から人類を見守るという設定があってもいいのではないでしょうか。

また、遺体や遺骨を地中に埋めることによって、つまり埋葬によって死後の世界に暗い「地下へのまなざし」を持ち、はからずも地獄を連想してしまった生者に、明るい「天上へのまなざし」を与えることができます。

そして、人々は月をあの世に見立てることによって、死者の霊魂が天上界に還ってゆくと自然に思い、理想的な死のイメージ・トレーニングが無理なく行なえます。

世界中の神話や宗教や儀礼に、月こそあの世であるという普遍的なイメージが残っていることは、心理学者ユングが発見した人類の「集合的無意識」の一つであると思います。

そして、あなたを天上から見守ってくれるご先祖たちも、かつてはあなたと同じ月を見上げていたはずです。そうです、戦前の、大正の、明治の、江戸の、戦国の、中世の、古代の、それぞれの時代の夜空には同じ月が浮かんでいたのです。

先祖と子孫が同じ月を見ている。しかも、月は輪廻転生の中継点であり、月を通って先祖たちは子孫へと生まれ変わってくる。まさに月が、時空を超越して、あなたと先祖の魂をつないでくれているのです。

ぜひ、月を見上げて、あなたのご先祖を想ってみてください。あなたのご先祖は、月にいます。そして、月から愛する子孫であるあなたを見守ってくれています。いつの日か、先祖はあなたの子孫として転生し、子孫であるあなたは先祖となります。大いなる生命の輪は、ぐるぐると永遠に廻ってゆくのです。リメンバー・フェスとは、その入口なのです。

二〇二四年三月二五日　満月の夜に

佐久間庸和

佐久間庸和（さくま・つねかず）

1963年、福岡県生まれ。早稲田大学政治経済学部卒業。㈱サンレー代表取締役社長。九州国際大学客員教授。全国冠婚葬祭互助会連盟（全互連）会長、一般社団法人 全日本冠婚葬祭互助協会（全互協）副会長を経て、現在、一般財団法人 冠婚葬祭文化振興財団副理事長。2012年、第2回「孔子文化賞」を故稲盛和夫氏（稲盛財団理事長）と同時受賞。日本におけるグリーフケア研究および実践の第一人者としても知られている。上智大学グリーフケア研究所の客員教授を務めながら、全互協のグリーフケアＰＴ座長として資格認定制度を創設した。主著の『ウェルビーイング？』『コンパッション！』『ロマンティック・デス』はいずれも小社刊。
一条真也のペンネームでの著書は110冊を超える。

リメンバー・フェス　Remember Fes

2024年4月30日　初版第1刷

著　　者 ――― 佐久間庸和《さくまつねかず》
発行者 ――― 坂本桂一
発行所 ――― 株式会社オリーブの木
〒161-0031
東京都新宿区西落合4-25-16-506
www.olivetree.co.jp
発　　売 ――― 星雲社（共同出版社・流通責任出版社）
カバーデザイン
本文DTP ――― 渡邉志保

印刷・製本　株式会社ルナテック
乱丁・落丁本はお取り替えいたします。
定価はカバーに表示してあります。

ISBN978-4-434-33844-1C1234